Schuldverschreibungsgesetz

von

Friedrich Bonschab.

Gesetz,
betreffend die gemeinsamen Rechte der Besitzer von Schuldverschreibungen

vom 4. Dezember 1899.

Handausgabe mit Erläuterungen

und

ausführlichem Sachregister

von

Friedrich Bonschab,
Vorstandsmitglied der Bayer. Landwirthschaftsbank.

München.
J. Schweitzer Verlag (Arthur Sellier).
1900.

Kgl. Hof- u. Univ.-Buchdruckerei von Fr. Junge (Junge & Sohn) Erlangen

Einleitung.

Das Hypothekenbankgesetz vom 13. Juli 1899 hat es unternommen, den Geschäftsbetrieb der Hypothekenbanken mit Rücksicht darauf zu regeln, daß einerseits das Interesse des Grundbesitzes, dessen Kreditbedürfniß zu dienen die Hypothekenbanken bestimmt sind, andererseits die Sicherheit des in den Hypothekenpfandbriefen angelegten Kapitals berücksichtigt wird.

Was letzteren Punkt anlangt, so ist von besonderer Bedeutung das den Inhaber von Pfandbriefen, von Kommunal- und Kleinbahnobligationen gewährte Vorzugsrecht im Konkurs der Hypothekenbank.

Die Regelung der Verhältnisse der Gesammtheit der Obligationäre unter einander und in Beziehung auf den Aussteller — und der Mangel einer solchen hat sich schon des öfteren als eine empfindliche Lücke in der Gesetzgebung gezeigt — ist dem gegenwärtigen Gesetze vorbehalten worden.

Das Gesetz, betreffend die gemeinsamen Rechte der Besitzer von Schuldverschreibungen, beschränkt sich aber selbstverständlich nicht etwa auf die Organisation der Gläubiger der von einer Hypothekenbank ausgegebenen Schuldverschreibungen.

„Die Verhältnisse, die es nothwendig machen, die Pfandbriefgläubiger der Hypothekenbanken zu einem organisirten

Verbande zu vereinigen, sind bei anderen Arten von Schuldverschreibungen ebenfalls vorhanden.“ Das Gesetz erstreckt sich vielmehr auf alle von einem inländischen Privatunternehmen jeder Art, sei es von einer Einzelperson, von offenen Handelsgesellschaften, von Kommanditgesellschaften, von Aktiengesellschaften, Kommanditgesellschaften auf Aktien, eingetragenen Genossenschaften, Gesellschaften mit beschränkter Haftung, von Gewerkschaften oder ähnlichen Vereinigungen ausgegebenen Schuldverschreibungen.

Damit findet das Gesetz ein weites Anwendungsgebiet; soll sich doch der Umlaufsbetrag der nur von Aktiengesellschaften (mit Ausschluß der Hypothekenbanken) ausgegebenen Obligationen und ähnlichen Schuldverschreibungen Ende 1896 auf rund 1 Milliarde und 126 Millionen Mark beziffern (vgl. hiezu Riesser, Zur Kritik der Gesetzentwürfe betr. das Hypothekenbankwesen und die gemeinsamen Rechte der Besitzer von Schuldverschreibungen).

Hinwiederum muß das Gesetz auf die von Privatunternehmungen ausgegebenen Schuldverschreibungen beschränkt bleiben.

Nicht unter das Gesetz fallen die Schuldverschreibungen des Reichs oder eines Bundesstaats sowie der Gemeinden und weiteren Kommunalverbände; ebensowenig die Schuldverschreibungen, welche von anderen Körperschaften des öffentlichen Rechts, insbesondere von den auf öffentlich-rechtlicher Grundlage errichteten Kreditanstalten (Landschaften), ausgegeben werden; vgl. hiezu § 24 des Gesetzes.

Die Aufgabe des Gesetzes umschreibt die Begründung desselben folgendermaßen:

„Es kann sich nicht darum handeln, die Besitzer von Schuldverschreibungen einer vormundschaftlichen Fürsorge zu unterstellen. (Dies ist z. B. geschehen durch das österreichische Gesetz vom 24. April 1874, betreffend die gemeinsame Vertretung der Rechte der Besitzer von auf Inhaber lautenden oder durch Indossament übertragbaren Theilschuldverschreibungen, welches die gerichtliche Bestellung eines Kurators vorsieht und die Befugniß der selbständigen Geltendmachung der Rechte aus den Schuldverschreibungen seitens der Gläubiger in den die Gesammtheit betreffenden Angelegenheiten dann nicht mehr zuläßt.)

„Das Hinderniß für die einheitliche Wahrnehmung der gemeinsamen Rechte der Schuldverschreibungsbesitzer liegt in der großen Zahl der Betheiligten, in dem Umstande, daß diese der Regel nicht bekannt sind, und in der Unmöglichkeit, die Zustimmung aller Einzelnen zu den erforderlichen Maßnahmen zu erlangen. Dadurch wird aber nicht eine vormundschaftliche Vertretung, sondern nur die Organisation zu einem Verbande nothwendig, dessen Beschlüsse unter der zum Schutze der Einzelnen nothwendigen Bedingungen und Einschränkungen für alle Besitzer der Schuldverschreibungen verbindlich sind.“ E. II S. 9.

Das Gesetz entledigt sich seiner Aufgabe in 26 Paragraphen.

Als Ueberschrift wurde die des Entwurfes gewählt, nachdem drei Vorschläge zur Ueberschrift:

1. Gesetz, betreffend die der Gesammtheit der Besitzer von Schuldverschreibungen zustehenden Rechte;
2. Gesetz, betreffend Organisation der Besitzer von Schuldverschreibungen;
3. Gesetz, betreffend Theilschuldverschreibungen

abgelehnt worden waren.

Der 1. Entwurf des Gesetzes wurde gleichzeitig mit

dem Entwurf des Hypothekenbankgesetzes in Nr. 123 des Deutschen Reichsanzeigers vom 26. Mai 1898 veröffentlicht; der in einzelnen Punkten abgeänderte 2. Entwurf unterm 3. Februar 1899 (Drucksachen des Reichstags Nr. 105) dem Reichstage vorgelegt und durch Beschluß desselben vom 7. März einer Kommission von 21 Mitgliedern überwiesen.

Die Kommission hat den Entwurf in zwei Lesungen berathen (Berichterstatter: Abgeordneter Dietrich).

Die wesentlichsten Abänderungen der Regierungsvorlage, welche dieselbe in der Kommission erfuhr, bewegen sich in zweifacher Richtung:

1. Einmal wurde der Mindestbetrag der umlaufenden Schuldverschreibungen, durch welchen die Anwendbarkeit des Gesetzes begründet wird, auf Mk. 300000 festgesetzt.

2. § 10 des Entwurfes hatte vorgesehen, daß eine Aufgabe oder Beschränkung von Rechten der Gläubiger, insbesondere eine Ermäßigung des Zinsfußes oder die Bewilligung einer Stundung an den Schuldner allgemein zulässig sein solle, wenn nur der Beschluß hierüber mit der erforderlichen Dreiviertel-Majorität gefaßt wird; demgegenüber beschloß die Kommission, daß die Aufgabe oder Beschränkung von Rechten der Gläubiger überhaupt nur dann zulässig sein soll, wenn dies zur Abwendung einer Zahlungseinstellung oder des Konkurses des Schuldners erforderlich ist.

Dieser Beschluß hat in der zweiten Lesung des Gesetzentwurfes im Reichstage, welche am 18. November 1899 (104. Sitzung) stattfand, lebhafte Anfechtung erfahren seitens der Abgeordneten von Strombeck und Schrader; ersterer, als prinzipieller des Gesetzentwurfes, mißbilligte die Bestimmung, weil ihm darin ein zu schroffer Eingriff in die Rechte der einzelnen Gläubiger durch Mehrheitsbeschluß zu liegen scheine, letzterer, weil durch die nunmehrige Fassung die Anwendungsfähigkeit des Gesetzes sehr eingeschränkt werde.

Demgegenüber wurde von dem Staatssekretär des Reichsjustizamts Dr. Nieberding hervorgehoben, „daß die Schranken der Bewegungsfreiheit der Gläubiger durch die Kommissionsbeschlüsse soweit gehen, wie es irgend verträglich ist, wenn das Gesetz überhaupt einen praktischen Zweck noch erreichen soll; von diesem Standpunkt aus seien auch von den Vertretern der verbündeten Regierungen in der Kommission die Einschränkungen, die in dem Absatz 1 des § 10 (nun § 11) vorgenommen worden sind, in der ersten Lesung der Kommissionsverhandlungen entschieden bekämpft worden.

Andererseits sei es auch nicht zutreffend, daß das Gesetz nur unter der Voraussetzung Anwendung finde, daß ein Konkurs oder eine Zahlungseinstellung des betheiligten Unternehmens thatsächlich in Aussicht steht. Es kommt nur darauf an, daß die Gläubigerversammlung der Ansicht ist, daß ihre Beschlüsse nothwendig seien, um einen drohenden Konkurs abzuhalten. Sobald diese Voraussetzung in der subjektiven Auffassung der Gläubigerversammlung vorhanden ist, so ist den Voraussetzungen der Paragraphen Genüge geschehen.

Was praktisch aus dem Absatze in der Fassung der Kommission gegenüber dem Regierungsentwurfe ausgeschieden ist, das ist die Möglichkeit für die Gläubigerversammlung, auf gewisse mehr nebensächliche Rechte, beispielsweise in der Weise zu verzichten, daß Entpfändungen einzelner Grundstücke, die zu Gunsten der Gläubiger mitbelastet sind, eintreten.

Diese Frage der Exnexuation einzelner Grundstücke, um den Kredit oder die Aktionsfähigkeit des Unternehmers zu heben, auf Kosten der Rechte der Gläubiger, enthält denjenigen Fall, welcher hauptsächlich in Betracht kommt, wenn es sich hier um eine Beschränkung der Rechte der Gläubiger handelt.

Nun wird aber in vielen Fällen, in denen es sich darum handelt, ein Grundstück auf Kosten der Gläubigerrechte von einer Hypothek zu entlasten, der § 1189 B.G.B. in Anwendung kommen, dessen Wirkungskreis durch das gegenwärtige Gesetz nicht berührt wird.

In allen diesen Fällen, in denen Schuldverschreibungen emittirt worden sind unter Deckung der Forderungen der Gläubiger durch Hypotheken und in denen ein Vertreter außerhalb dieses Gesetzes bestellt ist, bleibt die Möglichkeit gewahrt, auch auf Rechte der Gläubiger zu verzichten außerhalb der Voraussetzungen des § 10 (nun § 11)".

Nach § 14 (nun § 16) werden die Befugnisse und Verpflichtungen eines Vertreters, dessen Bestellung gemäß § 1189 B.G.B. oder auf Grund einer bei Ausgabe der Schuldverschreibungen in verbindlicher Weise getroffenen Festsetzung erfolgt, durch die nach diesem Gesetz vorgenommene Bestellung eines Vertreters nicht berührt.

Abgeordneter von Strombeck beantragte die Streichung der gesperrten Worte, welche durch Beschluß der Kommission neu eingefügt worden waren.

Nach Begründung des Kommissionsbeschlusses durch den Staatssekretär und die Abgeordneten Büsing und Schrader wurde jedoch die Kommissionsfassung angenommen. (S. hierüber des Näheren zu § 16).

Das Gesetz gelangte sodann in der 106. Sitzung des

Reichstags in dritter Lesung ohne Debatte zur Annahme, erhielt unterm 4. Dezember 1899 die kaiserliche Sanktion und wurde im Reichsgesetzblatt 1899 Nr. 47 Seite 691 ff. publizirt.

Abhandlungen über den Gesetzentwurf sind u. A. erschienen von Justizrath Dr. Riesser in der oben zitirten als Monographie erschienenen Abhandlung, auch von Dr. Fleck in Holdheims Monatsschrift für Handelsrecht und Bankwesen, 7. Jahrgang Nr. 8 und 9 Seite 217; vgl. ebendaselbst Meili, Ueber den Entwurf eines Gesetzes betreffend die gemeinsamen Rechte der Besitzer von Schuldverschreibungen (Seite 267 ff.); am gleichen Orte Seite 233 ff. findet sich auch der Abdruck des mexikanischen Gesetzes über Ausgabe von Gesellschaftsobligationen vom 20. Novbr. 1897.

Abkürzungen.

E. I, II	= I. bezw. II. Entwurf zum Gesetze, betreffend die gemeinsamen Rechte der Besitzer von Schuldverschreibungen (letzterer Reichstagsvorlage).
Gen.-Ges.	= Reichsgesetz betreffend die Erwerbs- und Wirthschaftsgenossenschaften vom 1. Mai 1889 in revidirter Fassung.
Ges. über fr. Ger.	= Gesetz über die Angelegenheiten der freiwilligen Gerichtsbarkeit vom 17. Mai 1898.
H.G.B.	= Handelsgesetzbuch vom 10. Mai 1897.
Hyp.-B.G.	= Hypothekenbankgesetz vom 13. Juli 1899; meine Ausgabe.
K.-B.	= Bericht der X. Kommission des Reichstags über den Entwurf eines Gesetzes, betreffend die gemeinsamen Rechte der Besitzer von Schuldverschreibungen.
K.-O.	= Konkursordnung vom 17. Mai 1898.
Staub	= Kommentar zum Handelsgesetzbuch, 6. und 7. Auflage.

Gesetz

betreffend

die gemeinsamen Rechte der Besitzer von Schuldverschreibungen.

Vom 4. Dezember 1899.

(R.G.Bl. 1889 S. 691.)

Wir **Wilhelm,** von Gottes Gnaden Deutscher Kaiser, König von Preußen ꝛc.

verordnen im Namen des Reichs, nach erfolgter Zustimmung des Bundesraths und des Reichstages, was folgt:

§ 1.

Sind von Jemand, der im Inlande seinen Wohnsitz oder seine gewerbliche Niederlassung hat, im Inlande Schuldverschreibungen mit im Voraus bestimmten Nennwerthen ausgestellt, die nach dem Verhältnisse dieser Werthe den Gläubigern gleiche Rechte gewähren, und betragen die Nennwerthe der ausgegebenen Schuldverschreibungen zusammen mindestens dreihunderttausend Mark und die Zahl der ausgegebenen Stücke mindestens dreihundert, so haben die Beschlüsse, welche von einer Versammlung der Gläubiger aus diesen Schuldverschreibungen zur Wahrung ihrer gemeinsamen Interessen gefaßt werden, nach Maßgabe dieses Gesetzes verbindliche Kraft für alle Gläubiger der bezeichneten Art.

Die Versammlung kann insbesondere zur Wahrnehmung der Rechte der Gläubiger einen gemeinsamen Vertreter für diese bestellen.

Eine Verpflichtung zu Leistungen kann für die Gläubiger durch Beschluß der Gläubigerversammlung nicht begründet werden.

I. Zu Absatz 1:

a) Bereits einleitungsweise wurde hervorgehoben, daß sich das Gesetz nur auf solche Schuldverschreibungen bezieht, welche im Inlande ausgestellt sind und deren Aussteller ebenfalls im Inlande seinen Wohnsitz oder seine gewerbliche Niederlassung hat.

b) Der Aussteller der Schuldverschreibungen muß eine Privatperson oder ein privates Unternehmen sein; vgl. hiezu § 24.

c) Unter das Gesetz fallen nicht nur Schuldverschreibungen, welche auf den Inhaber, sondern auch solche, die auf Namen lauten (vgl. die Beschränkung hierauf in E. I. S. 34).

Irrelevant ist, ob die Schuldverschreibungen für den Handelsverkehr bestimmt sind oder nicht.

d) Das Gesetz will diejenigen Gläubiger vereinen, die ein gemeinsames Interesse haben, „deren Forderungen zwar nicht gleiche, aber gleichmäßige nach Verhältniß der Nennwerthe seien und nach einem bestimmten Plan in fest bestimmten Beträgen kontrahirt seien".

Die Schuldverschreibungen müssen daher auf „im Voraus bestimmten Nennwerth" ausgestellt sein und den Gläubigern nach dem Verhältnisse dieser Werthe gleiche Rechte gewähren. Es fallen daher nicht unter das Gesetz Depositen von variabler und zufälliger Höhe. K.-B. S. 3.

Der Nennwerth der ausgegebenen Schuldverschreibungen muß mindestens Mk. 300 000 und die Zahl der ausgegebenen Stücke mindestens 300 betragen (z. B. 300 Stücke à Mk. 1000 oder 500 Stücke à Mk. 600; nicht dem Gesetz unterliegen z. B. Schuldverschreibungen in 200 Stücken à Mk. 1500). E. II hat die Mindestgrenze auf Mk. 100 000 und die Stückzahl auf 100 festgesetzt. Hiegegen wurde geltend gemacht, „daß in so kleinem Kreise der Schuldner die Gläubiger meist kennen werde. Maßgebend für die nunmehrige gesetzliche Festlegung war aber das Bedenken, daß in einem Falle, in welchem die emittirten Schuldverschreibungen von Anfang an nur gerade den Mindestbetrag von Mk. 100 000 erreichten, jede noch so geringe Amortisation der Anleihe sofort die Anwendbarkeit des Gesetzes wieder beseitigen müsse". K.-B. S. 4.

Aus dieser Erwägung wurde die Zahlengrenze hinaufgesetzt, außerdem der folgende § 2 neu eingefügt. In der Kommission wurde weiter festgestellt, daß jede Ungleichheit in der Rechtslage der Gläubiger sie einer besonderen Klasse zuweise und daß Mindestsumme wie Mindestzahl für jede Klasse vorhanden sein müsse; nicht ausgeschlossen sei Gemeinsamkeit der Versammlungen und Berathungen und selbst der Vertreter, die Abstimmungen und Beschlüsse seien aber von jeder Klasse gesondert zu bethätigen.

Nicht erforderlich ist, was insbesondere für Hypothekenbanken von Bedeutung, daß die Schuldverschreibungen gleichzeitig ausgegeben worden sind.

e) Die von einer Versammlung der Gläubiger aus den Schuldverschreibungen zur Wahrung ihrer gemeinsamen Interessen gefaßten Beschlüsse haben für alle Gläubiger der bezeichneten Art verbindliche Kraft nach Maßgabe dieses Gesetzes. Letzterer Zusatz wurde in der Kommission aufgenommen; er soll klarstellen, sowohl daß die allgemeinen Anfechtungsgründe für Willenserklärungen auch für Gläubigerbeschlüsse gelten, als insbesondere, daß Beschlüsse, welche die Aufgabe oder Beschränkung von Rechten der Gläubiger enthalten, an gewisse im Gesetze bestimmte Voraussetzungen und Bedingungen geknüpft sind (vgl. §§ 11 ff.). Was die verbindliche Kraft eines von der Versammlung der Gläubiger gefaßten Beschlusses anbelangt, so wurde hiezu in der Kommission regierungsseitig Folgendes bemerkt: Dieselbe hänge nicht davon ab, daß der Beschluß auch in Wirklichkeit den gemeinsamen Interessen der Gläubiger entspreche; erforderlich sei nur, daß der Beschluß gemeinsame Interessen betreffe und zum Zwecke der Wahrung derselben gefaßt worden sei. Treffe dies nicht zu, habe die Mehrheit bei der Beschlußfassung nicht das Interesse der Gesammtheit im Auge gehabt, vielmehr Sonderinteressen verfolgt, so sei der Beschluß unverbindlich und könne dies von jedem Gläubiger dem Schuldner gegenüber im Prozesse geltend gemacht werden.

Dagegen könne die Frage, ob der Beschluß in Wirklichkeit dem gemeinsamen Interesse der Gläubiger dienlich sei, von dem Prozeßrichter nicht nachgeprüft werden.

Ist hinwiederum der Beschluß durch arglistige Täuschung oder Drohung zu Stande gekommen, so kann das auf Grund eines solchen Beschlusses vorgenommene Rechtsgeschäft von jedem dadurch benachtheiligten Gläubiger nach Maßgabe der §§ 123 ff. B.G.B. oder auch des § 826 B.G.B. angefochten werden. Dies gilt insbesondere auch von den der Minderheit angehörigen Gläubigern; soweit die Willenserklärung der Mehrheit mit einem die Anfechtung begründenden Mangel behaftet ist, kann auch die Minderheit diesen Mangel ihrerseits geltend machen. K.-B. S. 6 ff.

II. Zu Absatz 2:

Die Gläubigerversammlung kann zur Wahrung ihrer Rechte einen gemeinsamen Vertreter bestellen.

Hiedurch ist nicht ausgeschlossen, daß dieselbe dem Vertreter zu dessen Unterstützung und Ueberwachung einen Ausschuß an die Seite setzt. Einrichtungen solcher Art können auch dauernd mit dem Unternehmen des Ausstellers verbunden werden; letzterer kann selbst die Anregung hiezu durch Anträge bei der Gläubigerversammlung geben. E. II S. 12.

Auf den Vertreter finden im Allgemeinen die Grundsätze der §§ 164 ff. B.G.B. Anwendung.

III. Zu Absatz 3:

Die Beschränkung des 3. Absatzes soll die einzelnen Gläubiger vor Eingriffen wahren, durch die ihre Rechte und Interessen in unbilliger Weise verletzt werden könnten.

Aus diesem Grundsatze leiten die Motive folgende Einzelheiten ab:

1. Eine Ausschreibung von Einschüssen durch die Gläubigerversammlung darf nicht in Frage kommen; sind die von der Versammlung beschlossenen Maßnahmen nicht ohne Aufwendung von Kosten durchzuführen, so ist es Sache der betheiligten Gläubiger, die erforderlichen Mittel aufzubringen.

Ueber die Tragung der Kosten der Gläubigerversammlung und der Prozeßkosten s. § 3 Abs. 3 und § 4 Abs. 3.

2. Die Gläubigerversammlung hat nicht die Befugniß, die rechtliche Natur der Schuldverschreibungen zu ändern, insbesondere die Gläubiger zu Mitgliedern einer Gesellschaft zu machen, die das Unternehmen des Schuldners selbst zu betreiben unternimmt.

IV. Ueber die rückwirkende Kraft des Gesetzes vgl. § 26.

§ 2.

Sinkt der Gesammtbetrag der im Umlaufe befindlichen Schuldverschreibungen unter einhunderttausend Mark oder sinkt die Zahl der im Umlaufe befindlichen Stücke unter einhundert, so ist dies von dem Schuldner unverzüglich im Deutschen Reichsanzeiger bekannt zu machen. Von dem auf die Bekanntmachung folgenden Tage an können Gläubigerversammlungen auf Grund dieses Gesetzes nicht mehr abgehalten werden; mit dem bezeichneten Zeitpunkt erlischt das Amt eines von der Gläubigerversammlung bestellten Vertreters der Gläubiger.

Der Zweck der Bestimmung dieses Paragraphen wurde bereits oben zu § 1 hervorgehoben. Die Veröffentlichung der Thatsache des Herabsinkens des Betrages oder der Zahl der umlaufenden Schuldverschreibungen soll dies allen Interessenten *in einer jeden Zweifel ausschließenden Weise zur Kenntniß bringen.*

Die Veröffentlichung lediglich im Deutschen Reichsanzeiger dürfte hiefür aber nicht völlig genügen und wären zweckmäßig die statutarischen Organe der betr. Gesellschaften oder, soweit von Privaten ausgegebene Schuldverschreibungen in Betracht kommen, weiterverbreitete Blätter nebenher bestimmt worden.

Mit dem Herabsinken des Umlaufbetrages oder der Zahl der Schuldverschreibungen unter das gesetzliche Minimum tritt das gegenwärtige Gesetz außer Anwendung.

Die hauptsächlichste Wirkung hievon ist, daß Gläubigerversammlungen nicht mehr abgehalten werden können, welche auf Grund dieses Gesetzes berathen sollen; ebenso wird die Vertretung der Gläubiger gegenstandslos.

Diese Wirkungen treten ein mit dem auf die Bekanntmachung im Deutschen Reichsanzeiger folgenden Tag.

§ 3.

Die Versammlung wird durch den Schuldner berufen.

Die Versammlung ist zu berufen, wenn Gläubiger, deren Schuldverschreibungen zusammen den zwanzigsten Theil des Gesammtbetrags der im Umlaufe befindlichen Schuldverschreibungen erreichen, oder ein von der Gläubigerversammlung bestellter Vertreter der Gläubiger die Berufung schriftlich unter Angabe des Zweckes und der Gründe verlangen.

Die Kosten der Berufung und Abhaltung der Versammlung trägt, soweit nicht in diesem Gesetz ein Anderes vorgeschrieben ist, der Schuldner.

Der Schuldner ist regelmäßig am ehesten in der Lage, zu ermessen, ob ein Zusammentritt der Gläubiger nothwendig und angezeigt ist; ihm obliegt daher das Recht und die Pflicht der Berufung der Gläubigerversammlung. Nebenher muß aber auch dem Vertreter der Gläubiger wie diesen selbst die Möglichkeit offen stehen, eine Gläubigerversammlung zu erwirken.

E. II hatte dem Vertreter der Gläubiger ein unbeschränktes Berufungsrecht eingeräumt; dies wurde in der Kommission auf eine Antragsbefugniß modifizirt in der Erwägung, daß die Berufung durch den Vertreter der Gläubiger ohne vorherige Anhörung des Schuldners den Kredit desselben häufig unnöthigerweise gefährden und das Unternehmen und damit auch die Besitzer von Schuldverschreibungen schädigen werde.

Demgemäß haben der Vertreter wie Gläubiger, deren Schuldverschreibungen zusammen den 20. Theil des Gesammtbetrags der umlaufenden Schuldverschreibungen erreichen, das Recht, bei dem Schuldner unter Angabe des Zwecks und der Gründe die Berufung schriftlich zu beantragen. Der Schuldner ist verpflichtet diesem Verlangen nachzukommen; vgl. im Uebrigen den folgenden § 4.

Die Berufung muß aber jedenfalls ersichtlich machen, auf wessen Antrag der Schuldner die Berufung vornimmt.

Dieses Recht der Gläubiger ist den Bestimmungen des § 254 H.G.B. analog nachgebildet. Der Schuldner ist natürlich berechtigt, die Legitimationen der Antrag stellenden Gläubiger zu prüfen; kommt er dem Antrag auf Berufung nach, so ist die sofortige Hinterlegung der Schuldverschreibungen nicht vorgeschrieben; vgl. dagegen § 4 Abs. 2; im Uebrigen vgl. § 10.

Die Kosten der Berufung und selbstverständlich auch der Abhaltung der Versammlung hat der Schuldner auch dann zu tragen, wenn die Versammlung von den Gläubigern, dem Gläubiger- oder Grundbuchvertreter (cf. § 16) oder der Aufsichtsbehörde einberufen wird; „sie sind eine mit der Ausgabe von Schuldverschreibungen verbundene Last“; über anderweitige Kostentragung vgl. § 4.

§ 4.

Wird einem nach § 3 Abs. 2 gestellten Verlangen nicht entsprochen, so kann das Amtsgericht, in dessen Bezirke der Schuldner seinen Wohnsitz oder seine gewerbliche Niederlassung hat, die Antragsteller ermächtigen, die Versammlung zu berufen. Hat in dem Zeitpunkt, in welchem der Antrag gestellt werden soll, der Schuldner im Inlande weder einen Wohnsitz noch eine gewerbliche Niederlassung, so ist das Amtsgericht zuständig, in dessen Bezirk er zuletzt seinen Wohnsitz oder seine gewerbliche Niederlassung gehabt hat.

Wird der Antrag von Gläubigern gestellt, so haben diese ihre Schuldverschreibungen bei der Reichsbank, bei einem Notar oder bei einer anderen durch die Landesregierung dazu für geeignet erklärten Stelle zu hinterlegen.

Wird die Ermächtigung zur Berufung der Gläubigerversammlung ertheilt, so kann das Gericht zugleich über den Vorsitz in der Versammlung Bestimmung treffen. Das Gericht entscheidet darüber, ob die durch den Antrag sowie die durch die Berufung und Abhaltung der Versammlung entstehenden Kosten von den Antragstellern oder von dem Schuldner zu tragen sind.

Vor der Verfügung, durch welche über den Antrag auf Ermächtigung zur Berufung der Gläubigerversammlung oder über die Tragung der Kosten entschieden wird, ist, soweit thunlich der Schuldner und, wenn ein Vertreter der Gläubiger bestellt ist, auch dieser zu hören. Gegen die Verfügung findet die sofortige Beschwerde statt.

Die gerichtliche Ermächtigung an die Gläubiger oder den Gläubiger-Vertreter, die Versammlung zu berufen, setzt zunächst allgemein voraus, daß der Schuldner dem Antrage nicht entspricht.

Weitere Voraussetzung ist, daß, sofern der Antrag von Gläubigern in der Mindestzahl des § 3 ausgeht, diese ihre Schuldverschreibungen nach näherer Bestimmung des 2. Absatz des § 4 hinterlegen. Diese Hinterlegung ist dem Gerichte nachzuweisen.

Das Gericht entscheidet nach freiem Ermessen, ob dem Antrage stattzugeben ist oder nicht; hiebei sind die angegebenen Gründe und der Zweck der Einberufung in Berücksichtigung zu ziehen.

Die Verfügung über den Antrag auf gerichtliche Ermächtigung und über die Kostentragung ist mit der sofortigen Beschwerde anfechtbar; vgl. §§ 145, 146 Ges. über fr. Ger.

Das Verfahren hiebei bemißt sich nach den §§ 19 ff. l. c.

§ 5.

Steht der Geschäftsbetrieb des Schuldners unter staatlicher Aufsicht, so hat das Gericht vor der im § 4 Abs. 4 bezeichneten Verfügung auch die Aufsichtsbehörde zu hören.

Die Aufsichtsbehörde kann die Gläubigerversammlung auf Kosten des Schuldners berufen oder die Berufung durch den Schuldner anordnen.

Sie hat das Recht, einen Vertreter in die Versammlung zu entsenden.

Die ergänzenden Bestimmungen des § 5 kommen hauptsächlich für Hypothekenbanken und Privateisenbahnen in Betracht und sollen der Staatsaufsichtsbehörde den gebührenden Einfluß wahren. Die Letztere ist ihrerseits befugt, selbständig und ohne daß es im Prinzip einer Anhörung des Schuldners bedarf, die Gläubigerversammlung zu berufen oder die Berufung durch den Schuldner anzuordnen; sie ist auch unter allen Umständen berechtigt, einen Vertreter in die Gläubigerversammlung anzuordnen (vgl. hieher § 4 Hyp.-Ges.). Die Kosten dieser Berufung hat natürlich stets der Schuldner zu tragen.

§ 6.

Die Berufung der Gläubigerversammlung erfolgt durch mindestens zweimalige Bekanntmachung im Deutschen Reichsanzeiger und in den sonstigen Blättern, durch welche für den Bezirk des im § 4 bezeichneten Gerichts die Eintragungen in das Handelsregister bekannt gemacht werden. An die Stelle der letzteren Blätter treten, wenn der Schuldner eine Aktiengesellschaft, eine Kommanditgesellschaft auf Aktien, eine Gesellschaft mit beschränkter Haftung oder eine eingetragene Genossenschaft ist, die für die Veröffentlichungen der Gesellschaft oder der Genossenschaft bestimmten Blätter.

Die Frist zwischen der letzten Bekanntmachung und dem Tage der Versammlung ist so zu bemessen, daß mindestens zwei Wochen für die im § 10 Abs. 2 vorgesehene Hinterlegung der Schuldverschreibungen frei bleiben.

In dem Falle des § 4 muß bei der Berufung auf die gerichtliche Ermächtigung Bezug genommen werden.

§ 7.

Der Zweck der Versammlung soll bei der Berufung bekannt gemacht werden. Jedem Gläubiger ist auf Verlangen eine Abschrift der Anträge zu ertheilen.

Ueber Gegenstände, die nicht gemäß § 6 Abs. 1, 2 ihrem wesentlichen Inhalte nach angekündigt sind, können Beschlüsse nicht gefaßt werden.

Die Vorschriften der §§ 3, 4, des § 5 Abs. 1, 2 und des § 6 Abs. 3 finden auf die Ankündigung von Gegenständen zur Beschlußfassung einer Versammlung entsprechende Anwendung.

I. Ist ein Gegenstand nicht mindestens 2 Wochen vor dem Ablaufe der für die Hinterlegung der Schuldverschreibungen bestimmten Zeit zweimal hintereinander seinem wesentlichen Inhalte nach bekannt gemacht, so kann hierüber ein gültiger Beschluß nicht gefaßt werden.

II. Wie die Berufung einer Versammlung selbst, so kann auch die Ankündigung von Gegenständen zur Beschlußfassung von Gläubigern oder einem Vertreter nach §§ 3, 4, 16 oder der Aufsichtsbehörde verlangt werden. Die Einhaltung einer bestimmten Frist hiefür ist, wie aus dem 3. Absatz des § 7 hervorgeht, nicht erfordert. Die Vorschrift ist dem § 254 Abs. 2, 3 H.G.B. nachgebildet.

Entsprechend der Tendenz der Vorschrift der letztgenannten handelsgesetzlichen Bestimmung, können durch das Statut für dieses Recht wie überhaupt für das Recht der Berufung einer Versammlung durch die Gläubiger weder erschwerende Vorschriften aufgestellt werden, noch aber, wie mit Staub S. 768 zu betonen ist, erleichternde; die Vorschriften hierüber sind absoluten Rechts.

III. Auch das Verlangen einer Abschrift der Anträge beruht auf dem Vorbild des H.G.B., nämlich der Bestimmung des § 256 Abs. 1.

Als Anträge sind diejenigen gemeint, welche zu dem öffentlich bereits bekannt gemachten Gegenstand der Tagesordnung entweder von dem Schuldner oder den sonstigen Antragsstellern gestellt sind oder nach der Bekanntmachung noch gestellt werden.

Der Gläubiger muß sich zum Erhalt der Abschrift natürlich legitimiren.

Erfolgt die Berufung der Versammlung durch den Schuldner auf Antrag von Gläubigern oder eines Vertreters, so wirft sich die Frage auf, wer in diesen Fällen die Abschrift zu ertheilen hat.

Da mit dem Verlangen der Berufung „der Zweck und die Gründe" dem Schuldner anzugeben sind, ergeben sich hieraus direkt oder indirekt die zu stellenden Anträge; die Ertheilung einer Abschrift hat somit in allen diesen Fällen durch den Schuldner zu geschehen, zumal dieser ja auch, abgesehen von dem Falle des § 4, stets die Versammlungen zu berufen hat. Im Falle des § 4 jedoch wird die Ertheilung der Abschrift der Anträge von einem der die Berufung verlangenden Gläubiger bezw. des Vertreters zu verlangen sein.

§ 8.

Bei dem Beginne der Versammlung ist ein Verzeichniß der erschienenen Gläubiger oder Vertreter von Gläubigern mit Angabe ihres Namens und Wohnorts sowie des Betrags der von Jedem vertretenen Schuldverschreibungen aufzustellen. Das Verzeichniß ist sofort nach der Aufstellung, spätestens aber vor der ersten Abstimmung zur Einsicht aufzulegen; es ist von dem Vorsitzenden zu unterzeichnen.

§ 9.

Jeder Beschluß der Versammlung bedarf zu seiner Gültigkeit der Beurkundung durch ein über die Verhandlung gerichtlich oder notariell aufgenommenes Protokoll.

In dem Protokolle sind der Ort und der Tag der Verhandlung, der Name des Richters oder des Notars sowie die Art und das Ergebniß der Beschlußfassungen anzugeben.

Das nach § 8 aufgestellte Verzeichniß der Theilnehmer der Versammlung sowie die Belege über die ordnungsmäßige Berufung der Versammlung sind dem Protokolle beizufügen. Die Beifügung der Belege über die Berufung der Versammlung kann unterbleiben, wenn die Belege unter Angabe ihres Inhalts in dem Protokoll aufgeführt werden.

Das Protokoll muß von dem Richter oder dem Notar vollzogen werden. Die Zuziehung von Zeugen ist nicht erforderlich.

Die Vorschriften der §§ 8, 9 sind den §§ 258, 259 H.G.B. nachgebildet.

Im Einzelnen ist hiezu zu bemerken:

1. Die Leitung der Versammlung obliegt nicht ohne Weiteres dem Antragsteller, es bleibt vielmehr der Versammlung vorbehalten, einen Vorsitzenden zu wählen. Ausnahme hievon vgl. § 4 Abs. 3. In Ermangelung statutarischer Vorschriften müssen für die Art der Leitung die allgemeinen Grundsätze über parlamentarische Verhandlungen maßgebend sein.

Ueber die einzelnen sich hieraus ergebenden Fragen vgl. die zutreffenden Bemerkungen bei Staub l. c. zu § 256 S. 778.

2. Sind die Vorschriften des § 8 nicht beachtet, so sind die Beschlüsse ungültig; sie können nicht durch Nichtanfechtung geheilt werden. Dies folgt aus der gegenüber dem Wortlaute des § 258 H.G.B. mit Bedacht abgeänderten Fassung.

3. Das Verzeichniß ist bei Beginn der Versammlung aufzustellen; hieraus folgt aber nicht, daß Gläubiger oder deren Vertreter, welche nachher oder auch nach Unterzeichnung des Verzeichnisses er-

scheinen, von der Theilnahme an der Versammlung ausgeschlossen werden dürften; erscheinen dieselben nach einer ordnungsmäßigen Abstimmung, so haben sie dieselbe natürlich gelten zu lassen.

4. Die richterliche oder notarielle Beurkundung ist eine solche von Erklärungen, welche nicht Rechtsgeschäfte enthalten.

Insoweit daher notarielle Beurkundung in Betracht kommt, finden auf solche Urkunden außerdem die Vorschriften Anwendung, welche landesgesetzlich hiefür besonders aufgestellt sind; vgl. hieher Art. 31 und 32 des bayer. Notariatsgesetzes vom 9. Juni 1899.

§ 10.

Die Beschlüsse bedürfen, soweit nicht in diesem Gesetz ein Anderes vorgeschrieben ist, der Mehrheit der abgegebenen Stimmen. Die Mehrheit wird nach den Beträgen der Schuldverschreibungen berechnet. Bei Gleichheit der Stimmen entscheidet die Zahl der Gläubiger.

Gezählt werden nur die Stimmen derjenigen Gläubiger, welche ihre Schuldverschreibungen spätestens am zweiten Tage vor der Versammlung bei der Reichsbank, bei einem Notar oder bei einer anderen durch die Landesregierung dazu für geeignet erklärten Stelle hinterlegt haben.

Das Stimmrecht kann durch einen Bevollmächtigten ausgeübt werden. Für die Vollmacht ist die schriftliche Form erforderlich und genügend.

Der Schuldner ist für die in seinem Besitze befindlichen Schuldverschreibungen nicht stimmberechtigt. Soweit ihm an den Schuldverschreibungen ein Pfandrecht oder ein Zurückbehaltungsrecht zusteht, ist er auf Verlangen des Eigenthümers verpflichtet, die Schuldverschreibungen bei einer der im Abs. 2 bezeichneten Stellen in der Weise zu hinterlegen, daß, unbeschadet der Fortdauer des Pfandrechts oder Zurückbehaltungsrechts, dem Eigenthümer die Ausübung des Stimmrechts ermöglicht wird; die Kosten der Hinterlegung hat der Eigenthümer zu tragen und vorzuschießen.

1. Zu einem gültigen Beschlusse ist in der Regel einfache Stimmenmehrheit erforderlich und genügend; diese wird nach der Mehrheit der Beträge der Schuldverschreibungen berechnet. Ergibt sich hieraus Stimmengleichheit, so ist die Zahl der Gläubiger maßgebend.

Erschwerende Vorschriften, etwa das Erforderniß einer qualifizirten Mehrheit, können durch Statut für die Abstimmung aufgestellt werden.

Das Gesetz selbst erfordert qualifizirte Mehrheit in § 11 Abs. 2, § 14 Abs. 6.

Jede Schuldverschreibung gewährt eine Stimme; bei solchen mit verschiedenartigen Nennwerthen begründet der jeweilige Höherbetrag eine entsprechend verstärkte Zahl von Stimmen. Gezählt werden nur, wie aus dem Wortlaute des Gesetzes hervorgeht, die wirklich abgegebenen Stimmen.

2. Die Ausübung des Stimmrechts ist abhängig von der Hinterlegung der Schuldverschreibungen bei der Reichsbank, bei einem Notar oder bei einer anderen, durch die Landesregierung dazu für geeignet erklärten Stelle.

Als Hinterlegung bei der Reichsbank gilt natürlich auch die Hinterlegung bei den Zweiganstalten derselben (Reichsbankstellen, Reichsbanknebenstellen; vgl. § 12 Abs. 2 des Bankgesetzes vom 14. März 1875).

Die Kommission erachtete es für geboten, eine Hinterlegungsfrist anzuordnen; demgemäß muß die Hinterlegung spätestens am zweiten Tage vor der Versammlung erfolgen. Die Bescheinigung der erfolgten Hinterlegung kann bei dem Schuldner, bei Aktiengesellschaften, Genossenschaften 2c. bei dem Vorstande oder aber bei dem Antragsteller der Versammlung bezw. dessen Vertreter hinterlegt werden. Es wird hiebei darauf ankommen, von wem der Antrag auf Berufung ausgegangen ist.

Auch diese Bescheinigung muß aber innerhalb der Hinterlegungsfrist vorgelegt werden.

Dies geht zwar nicht direkt aus dem Gesetz hervor, ist aber aus den in der Kommission gepflogenen Verhandlungen als Absicht des Gesetzgebers zu entnehmen.

Hier war — nachdem ja der Gesetzentwurf eine Hinterlegungsfrist nicht kannte — beantragt worden, die Ausübung des Stimmrechts auch denjenigen Gläubigern zu gestatten, welche sich in der Versammlung unter Vorlegung ihrer Schuldverschreibungen melden.

Dieser Antrag wurde abgesehen von anderen Gründen auch deshalb abgelehnt, weil die Kontrolle in der Versammlung selbst sehr schwer zu handhaben, die vorherige Hinterlegung für eine sorgsame Prüfung der Theilnahmeberechtigung nicht zu entbehren sei.

Eine Vorschrift der Statuten jedoch, daß der Hinterlegungsschein etwa einen Tag vor der Versammlung zu deponiren ist, muß für zulässig erachtet werden, weil auch hiebei die Möglichkeit einer vorherigen Prüfung gegeben ist.

3. Die Vorschrift der Ausübung des Stimmrechts durch einen Bevollmächtigten ist dem § 252 Abs. 2 H.G.B. nachgebildet; dort ist außerdem bestimmt, daß die Vollmachten in Verwahrung der Gesellschaft bleiben; hievon wurde in diesem Gesetz abgesehen.

Die schriftliche Form ist für die Vollmacht erforderlich, aber auch genügend; die Vollmacht muß von dem Aussteller eigenhändig durch Namensunterschrift unterzeichnet werden (vgl. § 126 B.G.B.).

Eine Prüfung der Echtheit der Vollmacht kann durch das Statut vorgeschrieben werden; vgl. hieher R.G. Bd. 40 S. 85:

„Wird in Folge Beanstandung der Echtheit der Vollmacht eine

Person von der Theilnahme an der Versammlung ausgeschlossen, so besteht die Möglichkeit, daß der Ausgeschlossene die ohne ihn gefaßten Beschlüsse mit Erfolg anficht, wenn die Vollmacht thatsächlich echt war."

Was die Theilnahme von Frauen anbelangt, so können diese von der Versammlung durch Statut ausgeschlossen werden; außerdem steht denselben unbeschränkte Vertretungsbefugniß und Theilnahme und insbesondere Abstimmungsrecht zu, vgl. dazu § 43 Gen.-Ges.

Das Erforderniß der Vollmacht bezieht sich nur auf die Fälle der freiwilligen Vertretung; juristische Personen rc. bezw. deren Vertreter bedürfen keiner Vollmacht, müssen sich aber über ihre Vertretungsbefugniß ausweisen können.

4. a) Schuldverschreibungen, welche der Schuldner nicht zum Zwecke der Einziehung, sondern für seinen Bestand an Werthpapieren erworben hat, gelten als noch im Umlauf befindlich. Zur Beseitigung von Zweifeln erschien es angezeigt, das Stimmrecht des Schuldners für solche Schuldverschreibungen ausdrücklich auszuschließen. E. II 18.

b) Der zweite Satz des 4. Absatzes wurde durch die Kommission angefügt.

Positive Vorschriften über das Stimmrecht bei getheiltem oder beschränktem Recht an der Schuldverschreibung in das Gesetz aufzunehmen, erschien der Kommission nicht erforderlich; nur der Fall sollte besonders geregelt werden, wo der Schuldner selbst ein Pfandrecht oder Zurückbehaltungsrecht an der Schuldverschreibung hat. K.-B. S. 10.

Im Allgemeinen wurde, was die anderweitige Verpfändung einer Schuldverschreibung anbelangt, Folgendes konstatirt:

„Der Pfandgläubiger übt nach §§ 1258 Abs. 1, 745 B.G.B. das Stimmrecht soweit aus, als es sich nicht um einen Beschluß handelt, durch welchen das Recht des Gläubigers aufgegeben oder beeinträchtigt werden soll. Handelt es sich um einen solchen Beschluß, so steht das Stimmrecht dem Gläubiger (d. i. dem Verpfänder) zu; nach §§ 1276 B.G.B. ist aber hiezu die Zustimmung des Pfandgläubigers erforderlich, welche nach §§ 182, 183 B.G.B. in unwiderruflicher Weise ertheilt werden kann.

Die behufs Ausübung des Stimmrechts erforderliche Hinterlegung der Schuldverschreibung hat in der Weise zu erfolgen, daß der Pfandgläubiger die Schuldverschreibung als Schuldverschreibung des Verpfänders, aber auf seinen eigenen Namen hinterlegt. Würde er sie auf den Namen des Verpfänders hinterlegen, so hätte dies nach §§ 1253, 1278 B.G.B. das Erlöschen des Pfandrechts zur Folge; eine Zustimmung des bisherigen Pfandgläubigers zur Ausübung des Stimmrechts wäre dann nicht mehr erforderlich. Ist aber die Schuldverschreibung als fremde Schuldverschreibung auf den Namen des Gläubigers hinterlegt und will der Eigenthümer der Schuldverschreibung das Stimmrecht wirksam ausüben, so ist die Zustimmung des Pfandgläubigers hiezu nachzuweisen.

Der Pfandgläubiger kann mit Ermächtigung des Verpfänders das Stimmrecht ausüben, in einem solchen Falle übt aber der Pfandgläubiger nicht Kraft seines Pfandrechts ein eigenes Stimmrecht aus, sondern er übt das Stimmrecht des Verpfänders aus."

Aehnlich ist die Sache beim Nießbrauch an einer Schuldverschreibung (§§ 1066, 1068, 1071), nur daß das Recht des Nießbrauchers durch Rückgabe der Schuldverschreibung an den Eigenthümer oder Hinterlegung in dessen Namen nicht verloren geht.

Bezüglich einer zu einer Nacherbschaft gehörenden Schuldverschreibung steht dem Vorerben das Stimmrecht, soweit es sich um eine Hypothekenforderung, Grundschuld oder Rentenschuld handelt und durch den Beschluß ein Recht des Gläubigers aufgegeben oder beschränkt werden soll, nur mit Zustimmung des Nacherben zu, außer wenn der Erblasser den Vorerben von der Verfügungsbeschränkung befreit hat (§ 2112—2114, 2136, 2137 B.G.B.).

Gehört die Schuldverschreibung zu einem Nachlasse und ist eine Testamentsvollstreckung angeordnet, so wird das Stimmrecht von dem Testamentsvollstrecker ausgeübt (§§ 2205, 2211 B.G.B.).

Gehört die Schuldverschreibung zu dem eingebrachten Vermögen der Frau, so übt der Mann Kraft eigenen Rechts das Stimmrecht aus, soweit es sich nicht um einen Beschluß handelt, durch welchen Rechte der Frau an den Schuldverschreibungen aufgehoben oder beeinträchtigt werden sollen. Andernfalls steht der Frau das Recht der Ausübung zu; sie bedarf aber dazu der Zustimmung des Mannes.

Mit Zustimmung der Frau kann aber auch der Mann das Stimmrecht ausüben; in einem solchen Falle übt er aber nicht ein eigenes Stimmrecht, sondern das der Frau aus (cf. §§ 1374—1376, 1395 ff. B.G.B.)." K.-B. S. 9 ff.

§ 11.

Die Aufgabe oder Beschränkung von Rechten der Gläubiger, insbesondere die Ermäßigung des Zinsfußes oder die Bewilligung einer Stundung, kann von der Gläubigerversammlung nur zur Abwendung einer Zahlungseinstellung oder des Konkurses des Schuldners beschlossen werden.

Der Beschluß, durch welchen Rechte der Gläubiger aufgegeben oder beschränkt werden, bedarf einer Mehrheit von mindestens drei Viertheilen der abgegebenen Stimmen. Die Mehrheit muß mindestens die Hälfte des Nennwerths der im Umlaufe befindlichen Schuldverschreibungen und, wenn dieser nicht mehr als zwölf Millionen Mark beträgt, mindestens zwei Drittheile des Nennwerths erreichen; beträgt der Nennwerth der im Umlaufe befindlichen Schuldverschreibungen weniger als sechszehn Millionen, aber mehr als zwölf Millionen Mark, so muß die Mehrheit acht Millionen Mark erreichen.

In diesen Fällen bleiben bei der Berechnung des Nennwerths der umlaufenden Schuldverschreibungen die im Besitze des Schuldners befindlichen Schuldverschreibungen, für welche das Stimmrecht nach § 10 Abs. 4 ausgeschlossen ist, außer Ansatz.

Der Schuldner ist verpflichtet, in der Gläubigerversammlung Auskunft über den Betrag der im Umlaufe befindlichen, zum Stimmen berechtigten Schuldverschreibungen zu ertheilen.

I. Zu Absatz 1:

Absatz 1 des § 11 in der Fassung des II. Entwurfes, lautend: „Sollen Rechte der Gläubiger aufgegeben oder beschränkt werden, soll insbesondere der Zinsfuß ermäßigt oder dem Schuldner Stundung bewilligt werden, so bedarf der Beschluß der Gläubigerversammlung einer Mehrheit von mindestens drei Viertheilen der abgegebenen Stimmen", wurde in der Kommission wegen des ganz allgemein zugelassenen Eingriffs in die Rechte der einzelnen Gläubiger durch Mehrheitsbeschlüsse angefochten und dem Absatz 1 die nunmehrige Fassung gegeben, wonach die Aufgabe oder Beschränkung von Rechten der Gläubiger nur zur Abwendung einer Zahlungseinstellung oder des Konkurses des Schuldners beschlossen werden kann.

II. Zu Absatz 2 bis 4:

Ueber den Modus der Abstimmung hat die Gläubigerversammlung selbst zu befinden.

„Als im Umlaufe befindlich sind Schuldverschreibungen zu erachten, so lange sie nicht wirklich eingelöst sind; damit werde der Frage nicht präjudizirt, ob Schuldverschreibungen durch Ausloosung oder Fälligkeit einer besonderen Klasse zuzuweisen seien. Die im Besitze des Schuldners befindlichen Papiere seien nicht mehr „im Umlauf", wenn sie zum Zwecke der Einziehung, sie seien im Umlauf, wenn sie zu vorübergehenden oder dauernden Anlagen, etwa für eine Pensionskasse oder den Reservefond des Schuldners bestimmt seien." K.-B. S. 13. Wie aber diese Papiere kein Stimmrecht nach § 9 Abs. 4 haben, so müssen sie auch bei Berechnung des Nennwerths der umlaufenden Schuldverschreibungen außer Ansatz bleiben.

Eine Uebertragung der aktienrechtlichen Grundsätze, wonach, wenn die erste Versammlung nicht beschlußfähig ist, eine einzuberufende zweite Versammlung ohne Rücksicht auf die Stimmenzahl beschließen kann, ist mit Recht nicht erfolgt; bei Aufgabe oder Einschränkung von Rechten der Pfandbriefgläubiger handelt es sich um so schwere wirthschaftliche Eingriffe, daß eine solche Maßregel ganz unstatthaft erscheint. Vgl. Riesser a. a. O. S. 82ff.

§ 12.

Ein Beschluß der im § 11 bezeichneten Art muß für alle Gläubiger die gleichen Bedingungen festsetzen. Die

Festsetzung ungleicher Bedingungen ist nur mit ausdrücklicher Einwilligung der zurückgesetzten Gläubiger zulässig. Jedes sonstige Abkommen des Schuldners oder eines Dritten mit einem Gläubiger, durch welches dieser begünstigt werden soll, ist nichtig. Ein Beschluß der Versammlung, der durch Begünstigung einzelner Gläubiger zu Stande gebracht ist, hat den übrigen Gläubigern gegenüber keine verbindliche Kraft.

Der Schuldner hat den Beschluß in der im § 6 Abs. 1 bezeichneten Weise bekannt zu machen.

Auf die dem Nennwerthe der Schuldverschreibungen entsprechenden Kapitalansprüche kann durch Beschluß der Versammlung nicht verzichtet werden.

Die Bestimmungen des § 12 sind den Vorschriften des § 181 K.=O. nachgebildet, welcher vorschreibt, daß der Zwangsvergleich allen nicht berechtigten Konkursgläubigern gleiche Rechte gewähren muß, für eine ungleiche Bestimmung der Rechte ebenfalls ausdrückliche Zustimmung der zurückgesetzten Gläubiger fordert und jedes andere Abkommen, durch welches einzelne Gläubiger bevorzugt werden, für nichtig erklärt.

Die Bestimmung des § 12 enthält ein Verbotsgesetz im Sinne des § 134 B.G.B.

II. Die besondere Bedeutung der in § 11 vorgesehenen Beschlüsse rechtfertigt das Gebot der Veröffentlichung derselben. Die Veröffentlichung muß zweimal nach den näheren Vorschriften des § 6 Abs. 1 erfolgen.

III. Die Macht einer Gläubigermehrheit findet ihre Grenze da, wo dem Gläubiger der Verlust von Kapitalforderungen angesonnen wird.

Deshalb ist ein Verzicht auf die dem Nennwerthe der Schuldverschreibungen entsprechenden Kapitalansprüche unzulässig.

Zuschläge, die über diesen Betrag hinaus bei der Rückzahlung der Schuldverschreibungen zu entrichten sind, bilden, wenn sie auch in rechtlicher Beziehung als Kapitalschuld zu betrachten sein mögen, doch wirthschaftlich nur eine nachträgliche Zinsvergütung; ein Verzicht durch Beschluß der Gläubiger muß deshalb hier gestattet sein. E. II. S. 18.

Auch die Vorschrift des 3. Absatzes fällt unter den Begriff des Verbotgesetzes im Sinne des § 134 B.G.B.

Ein Beschluß, durch welchen auf die Kapitalansprüche verzichtet wird, ist nichtig.

§ 13.

Steht der Geschäftsbetrieb des Schuldners unter staatlicher Aufsicht, so ist zu einem Beschlusse der im § 11 bezeichneten Art die Bestätigung durch die Aufsichtsbehörde erforderlich.

Die Aufsichtsbehörde hat die Ertheilung sowie die Versagung der Bestätigung öffentlich bekannt zu machen.

Einer obrigkeitlichen Genehmigung der nach § 11 gefaßten Beschlüsse bedarf es im Allgemeinen nicht.

Nur in den Fällen, in welchen der Geschäftsbetrieb des Schuldners unter staatlicher Aufsicht steht, erscheint die nachträgliche Genehmigung der Aufsichtsbehörde angezeigt, weil sich diese Behörde ausreichende Kenntniß von der Lage des Unternehmens verschaffen kann und als solche deshalb auch berufen ist, die Zweckmäßigkeit der von den Gläubigern gefaßten Beschlüsse zu würdigen. E. II S. 20. Hieraus geht hervor, daß die Aufsichtsbehörde die Bestätigung des Beschlusses unter Umständen auch verweigern kann

Bestätigung wie Versagung derselben ist von der Aufsichtsbehörde öffentlich bekannt zu machen.

Zweckmäßiger wäre es entschieden gewesen, die Veröffentlichung soweit wenigstens die Bestätigung des Beschlusses in Betracht kommt — und ein Mißbrauch erscheint so gut wie ausgeschlossen — dem Schuldner aufzuerlegen, denn so entsteht die Frage, wo die Entschließung der Aufsichtsbehörde veröffentlicht werden soll

Geschieht dies in dem offiziellen Publikationsorgan der Aufsichtsbehörde (z. B Ministerialamtsblatt), so erfolgt die Bekanntmachung des Beschlusses nach § 12 Abs 2 in ganz andern Blättern und wird hiedurch doch eine Bezugnahme auf die Entschließung der Aufsichtsbehörde nöthig; deren Abdruck gleichzeitig mit der Veröffentlichung nach § 12 Abs. 2 seitens des Schuldners aber würde der Tendenz der letzteren Publikation mehr entsprechen und das Verfahren vereinfachen.

§ 14.

Beschließt die Versammlung die Bestellung eines Vertreters der Gläubiger, so muß zugleich der Umfang seiner Befugnisse bestimmt werden.

Soweit der Vertreter zur Geltendmachung von Rechten der Gläubiger ermächtigt ist, kann durch Beschluß der Gläubigerversammlung die Befugniß der einzelnen Gläubiger zur selbständigen Geltendmachung ausgeschlossen werden. Der Beschluß unterliegt den Vorschriften des § 11 Abs. 2 bis 4, des § 12 Abs. 2 und des § 13.

Zum Verzicht auf Rechte der Gläubiger ist der Vertreter nur auf Grund eines ihn hierzu im einzelnen Falle besonders ermächtigenden Beschlusses der Gläubigerversammlung befugt. Der Beschluß unterliegt den Vorschriften der §§ 11 bis 13.

Führt der Vertreter für die Gesammtheit der Gläubiger einen Rechtsstreit, so hat er in diesem die Stellung eines gesetzlichen Vertreters. Für die Kosten des Rechtsstreits, welche den Gläubigern zur Last fallen, haftet der Schuldner, unbeschadet seines Rückgriffs gegen die Gläubiger.

Sind mehrere Vertreter bestellt, so können sie, falls nicht ein Anderes bestimmt ist, ihre Befugnisse nur in Gemeinschaft ausüben.

Ein Vertreter kann, unbeschadet des Anspruchs auf die vertragsmäßige Vergütung, von der Gläubigerversammlung jederzeit abberufen werden. Der Beschluß bedarf einer Mehrheit von drei Viertheilen der abgegebenen Stimmen; die Mehrheit muß, wenn dem Vertreter nach Maßgabe des Abs. 2 die ausschließliche Geltendmachung von Rechten der Gläubiger übertragen ist, mindestens die Hälfte des Nennwerths der im Umlaufe befindlichen Schuldverschreibungen betragen; die Vorschriften des § 11 Abs. 3, 4 und des § 12 Abs. 2 finden Anwendung.

§ 14 handelt von der Bestellung, dem Umfang der Befugnisse und der Abberufung des Gläubigervertreters.

I. Die Bestellung des Vertreters wird in den meisten Fällen sich als nothwendig erweisen, in welchen es zu einer Berufung der Gläubigerversammlung kommt.

Der Beschluß auf Bestellung eines Vertreters unterliegt keinen besonderen Vorschriften, kann also mit einfacher Stimmenmehrheit gefaßt werden.

II. a) Die Vertretungsmacht ist keine unbeschränkte; die Versammlung muß vielmehr den Umfang der Befugnisse, als welche im Absatz 1 vornehmlich Verrichtungen thatsächlicher Art, wie Entgegennahme von Erklärungen, Vorverhandlungen mit dem Schuldner gedacht sind, bestimmen; weitergehende Rechte, als den Gläubigern selbst zustehen, können dem Vertreter natürlich nicht übertragen werden; damit ist nicht ausgeschlossen, daß Kraft Gesetzes der Vertreter mit gewissen Befugnissen ausgestattet wird, die sich nicht ohne Weiteres aus den eigenen Rechten der Gläubiger ableiten lassen (§ 15). E. II S. 21.

Zur Hintanhaltung von Schwierigkeiten sollte den einzelnen Gläubigern die selbständige Geltendmachung solcher Rechte überhaupt versagt werden, zu deren Geltendmachung der Vertreter ermächtigt wurde. E. II S. 21.

Die Kommission wollte den Ausschluß der einzelnen Gläubiger nicht zu weit gehen lassen und stellte es daher in das beschlußmäßige Ermessen der Gläubigerversammlung, wie weit das selbständige Vorgehen einzelner Gläubiger ausgeschlossen werden will; Absatz 2.

Für diesen Beschluß sind die Vorschriften des § 11 Abs. 2 bis 4, des § 12 Abs. 2 und des § 13 maßgebend.

Zweckmäßiger erschiene die im Entwurfe vorgesehene gänzliche Ausschließung.

Soweit die Befugniß der einzelnen Gläubiger zur selbständigen Ausübung ihrer Rechte beschlußmäßig ausgeschlossen ist, sind die einzelnen Gläubiger auch nicht berechtigt, im Prozeß als Nebenintervenienten aufzutreten. Die Befugniß zum Verzicht auf Rechte der Gläubiger ist von der speziellen beschlußmäßigen Ermächtigung für den einzelnen Fall abhängig; auch für diesen Beschluß gelten die Vorschriften der §§ 11 und 12 (Abs. 3).

b) Eine besondere Vorschrift war nothwendig über die Stellung des Gläubigervertreters im Prozeß, um Zweifeln bezüglich bestimmter Prozeßhandlungen, insbesondere der Eidesleistung, zu begegnen. Er gilt für die Gesammtheit der Gläubiger, die als solche klagen und verklagt werden kann, als gesetzlicher Vertreter. Was die Kosten eines Rechtsstreits anbelangt, so müssen dieselben, wenn die Gesammtheit der Gläubiger der unterliegende Theil ist, dieser zur Last fallen (Ausnahme von dem Grundsatze des § 1 Abs. 3).

Da aber eine unmittelbare Einziehung der Kosten von den Gläubigern meistentheils schwer durchführbar ist, ist zunächst die Haftung des Schuldners für die Kosten statuirt, diesem aber der Rückgriff gegen die Gläubiger vorbehalten (vgl. § 328 Abs. 2 H.G.B.), den derselbe in der Weise geltend machen kann, daß er den vorgeschossenen Betrag bei späteren Zins- oder Kapitalszahlungen zum Abzug bringt; selbstverständlich ist der Schuldner berechtigt, den Anspruch auf Erstattung der eigenen Kosten im der gleichen Art aufzurechnen. E. II S. 22.

c) Bestellt die Versammlung mehrere Vertreter, so haben diese zunächst ihre Befugnisse gemeinsam auszuüben; das Vertretungsverhältniß kann aber anderweitig geregelt werden. Vgl. hiezu § 48 Abs. 2 H.G.B. Die Regel der gemeinsamen Vertretung bezieht sich nicht auf den Fall, daß jeder der Vertreter für verschiedene Gattungen von Schuldverschreibungen ist.

d) Die Vergütung des oder der Vertreter kann nicht dem Schuldner zur Last fallen; die Festsetzung und Aufbringung derselben bleibt den bei der Beschlußfassung Betheiligten überlassen (vgl. dagegen § 34 Hypothekenbankgesetz).

III. Die Abberufung des Vertreters muß einerseits der Gläubigerversammlung jederzeit freistehen, unbeschadet des Anspruchs auf vertragsmäßige Vergütung, andererseits muß aber dieses Abberufungsrecht mit besonderen Kautelen ausgestattet sein, um einen Mißbrauch desselben zu verhüten; dem entspricht die in der Kommission beschlossene Fassung des 4. Absatzes.

§ 15.

Ist der Schuldner eine Gesellschaft oder juristische Person, deren Mitglieder in Versammlungen Beschlüsse fassen, so ist jeder nach Maßgabe dieses Gesetzes bestellte Vertreter der Gläubiger befugt, den Mitgliederversammlungen beizuwohnen und sich an den Berathungen zu betheiligen.

Soweit nach den Gesetzen Schriftstücke, die sich auf die Verhandlungen in der Mitgliederversammlung oder auf die Vermögenslage oder den Geschäftsbetrieb der Gesellschaft beziehen, den Gesellschaftern mitzutheilen sind, hat die Mittheilung in gleicher Weise auch an den Vertreter der Gläubiger zu erfolgen.

Die nach § 15 dem Vertreter eingeräumten Rechte stehen demselben Kraft Gesetzes zu und bedarf es hiezu keiner besonderen Ermächtigung der Gläubigerversammlung.

„Den einzelnen Gläubigern können besondere Befugnisse in dieser Beziehung nicht ohne Gefahr gewährt werden; unbedenklich erscheint es dagegen, einen für die Gesammtheit der Gläubiger bestellten Vertreter, der keine Sonderinteressen wahrzunehmen in der Lage ist, der Geschäftsführung des Unternehmers näher zu stellen." E. II S. 23; vgl. § 256 Abs. 1 Satz 2 und § 263 Abs. 2 H.G.B.

§ 16.

Die Befugnisse und Verpflichtungen eines Vertreters, dessen Bestellung gemäß § 1189 des Bürgerlichen Gesetzbuchs oder auf Grund einer bei Ausgabe der Schuldverschreibungen in verbindlicher Weise getroffenen Festsetzung erfolgt, werden durch die nach diesem Gesetze vorgenommene Bestellung eines Vertreters nicht berührt.

Die Rechte, welche nach den Vorschriften des § 3 und des § 7 Abs. 3 einem von der Gläubigerversammlung bestellten Vertreter hinsichtlich der Berufung der Versammlung und der Ankündigung von Gegenständen zur Beschlußfassung zustehen, können auch von einem Vertreter der im Abs. 1 bezeichneten Art geltend gemacht werden.

Auf Antrag von Gläubigern, deren Schuldverschreibungen zusammen den fünften Theil des Gesammtbetrags der im Umlaufe befindlichen Schuldverschreibungen erreichen, kann das Gericht, wenn ein wichtiger Grund vorliegt, den Vertreter abberufen. Zuständig ist das im § 4 bezeichnete Amtsgericht. Vor der Verfügung, durch welche über den Antrag entschieden wird, sind soweit thunlich der Vertreter und der Schuldner zu hören. Gegen die Verfügung findet die sofortige Beschwerde statt.

I. § 16 handelt von zwei Kategorien von Vertretern.

1. Nach § 1189 B.G.B. kann bei einer Hypothek für Forderungen aus einer Schuldverschreibung auf den Inhaber ... für den jeweiligen Gläubiger ein Vertreter mit der Befugniß bestellt werden, mit Wirkung für und gegen jeden späteren Gläubiger bestimmte Verfügungen zu treffen und den Gläubiger bei der Geltendmachung der Hypothek zu vertreten. Die Bestellung muß in das Grundbuch eingetragen werden.

Es ist hier nicht der Ort, des Näheren über die Stellung und Aufgabe eines solchen „Grundbuchvertreters" sich zu verbreiten; nur auf die Funktion, wie sie das Gesetz selbst aufstellt, sei hingewiesen. Er entfaltet eine doppelte Thätigkeit; einmal vor dem Grundbuchamte, er ist allein legitimirt, rechtsgeschäftliche Erklärungen gegenüber dem Grundbuchamt abzugeben, dann aber ist er aktiv und passiv Vertreter der Gläubiger im Prozesse hinsichtlich des hypothekarischen Anspruchs. (Vgl. hiezu die Kommentare zum B.G.B. und Hachenburg, Vorträge über das B.G.B. S. 318ff.)

Dieser Grundbuchvertreter soll einem nach anderweitigem Gesetz bestellten Vertreter gegenüber völlig unabhängig bestehen bleiben. Die Gläubigerversammlung ist daher nicht berechtigt, durch einseitige Beschlüsse in dieses Verhältniß einzugreifen (s. oben Abs. 3).

Dieser Grundsatz ist ohne Weiteres auf den Fall anzuwenden, daß den Besitzern von Schuldverschreibungen ein Pfandrecht an einem Schiffe bestellt und hiefür ein Vertreter aufgestellt ist (§ 1270 B.G.B).

2. Die Bestimmung des § 14 soll aber auch auf die Fälle Anwendung finden, in welchen, was bisher des Oefteren geschah, das emittirende Bankhaus mittels Vereinbarung mit dem Schuldner sich auf seinen Namen Sicherungshypothek eintragen läßt und sich zugleich als gemeinsamer unwiderruflich bevollmächtigter Vertreter der Theilschuldverschreibungen und als Pfandhalter dem Schuldner gegenüber bestellt. Vgl. hiezu Hachenburg, Beiträge S. 147 ff. (Ueber die Unwiderruflichkeit der Vollmacht s. § 168 Satz 2 B.G.B.).

Die Bestellung eines solchen Vertreters neben dem Vertreter dieses Gesetzes ist nach wie vor zulässig und bleibt von Letzterem unberührt.

Diese Art von Vertretung wird aber nach dem Inkrafttreten des Bürgerlichen Gesetzbuches kaum mehr gewählt werden, da die Aufstellung eines Grundbuchvertreters nach § 1189 B.G.B. den Bedürfnissen einer Verfügung über die Hypothek weit eher entspricht.

Wie bereits in der Einleitung kurz hervorgehoben, war in zweiter Lesung im Reichstage seitens des Abgeordneten v. Strombeck beantragt worden, die Worte „oder auf Grund einer bei Ausgabe der Schuldverschreibungen in verbindlicher Weise getroffenen Festsetzung" zu streichen.

Der Antrag wurde aber abgelehnt, nachdem insbesondere seitens des Staatssekretärs des Reichs-Justizamts im Wesentlichen Folgendes bemerkt wurde:

Die Absicht der Regierungsvorlage ging dahin, neben dem Vertreter, den dieses Gesetz schafft und neben dem Vertreter des § 1189 B.G.B. einen dritten Vertreter, der bei der Emission eines nicht hypothekarisch sichergestellten Darlehens von Seiten des Emittenten bestellt werden könnte, nicht zuzulassen. Nachdem aber in § 10 (nun § 11) gegen den Wunsch der Regierung die Bewegungsfreiheit der Gläubigerversammlung und ihrer Vertreter eingeschränkt worden ist, wird nunmehr durch den zur Streichung beantragten Zusatz die Möglichkeit gegeben, den daraus zu erwartenden Nachtheil, wenigstens in gewissen Grenzen wieder zu repariren.

Denn der Vertreter, der auf Grund dieses Paragraphen in der Fassung der Kommission geschaffen werden kann, wird freier in seinen Entschließungen gestellt sein als der Gläubigervertreter nach § 10 (nun § 11).

Unbegründet sei die Meinung, § 14 (nun 16) stehe im Widerspruch zu § 18 (nun § 20); der Vertreter auf Grund des § 14 (nun § 16) kann bestellt werden trotz der Bestimmung des § 18 (nun § 20) und seine Beschränkungen heben die Verbindlichkeit der Festsetzungen nicht auf, die nach § 14 (§ 16) getroffen sind.

II. Die Bestellung des Treuhänders nach § 1189 B.G.B. wie durch Vereinbarung erfolgt „für die Gläubiger".

Es liegt daher in der Natur der Sache, daß einerseits auch einem solchen Vertreter durch die Gläubiger weitere Rechte und Befugnisse eingeräumt werden, als nach Gesetz oder Vertrag bestimmt; hieraus folgt aber weiter, daß ein solcher Vertreter auch diejenigen Rechte besitzt, welche hinsichtlich der Berufung einer Gläubigerversammlung oder der Ankündigung eines Gegenstandes der Beschlußfassung zur wirksamen Geltendmachung der Interessen der Gläubiger einem von diesen bestellten Vertreter zustehen.

Dies bringt Absatz 2 zum Ausdruck.

III. Das Erlöschen der Treuhänderschaft ist im Bürgerlichen Gesetzbuche nicht geregelt; es gelten daher hiefür die allgemeinen Grundsätze.

Daß eine Absetzung des Treuhänders zulässig ist, war auch bisher nicht zweifelhaft, ebensowenig, daß hiezu nicht die Gläubiger allein befugt sind, denn der Treuhänder ist nicht etwa Mandatar derselben; vielmehr mußte bisher das Einverständniß der Gläubiger und des Eigenthümers hiezu gefordert werden.

Das Gesetz ermöglicht nunmehr die gerichtliche Abberufung des Vertreters nach § 1189 B.G.B., wenn ein wichtiger Grund vorliegt, ähnlich der Abberufung der Liquidatoren nach §§ 147, 295 Abs. 3 H.G.B. (vgl § 145 Ges. über fr. Ger.). Erforderlich ist ein Antrag von Gläubigern, deren Schuldverschreibungen zusammen mindestens $^1/_{5}$ des Gesammtbetrags der umlaufenden Schuldverschreibungen betragen. Zuständig zur Verbescheidung des Antrags ist das Amtsgericht, in dessen Bezirk der Schuldner seinen Wohnsitz oder seine gewerbliche Niederlassung hat.

Die Anhörung des Vertreters und des Schuldners ist vorgeschrieben, soweit dieselbe thunlich ist. Ueber die sofortige Beschwerde vgl. zu § 3.

Ist der Vertreter abberufen oder aus einem anderen Grunde weggefallen, so kann die Bestellung eines neuen Vertreters nur durch die Gläubigerversammlung nach Maßgabe dieses Gesetzes erfolgen. E. II S. 25.

§ 17.

Die Vorschriften des § 16 finden auch auf einen Vertreter Anwendung, der für die Besitzer von Schuldverschreibungen vor dem Inkrafttreten des Bürgerlichen Gesetzbuchs in Gemäßheit des bisherigen Rechtes bestellt worden ist oder nach dem Inkrafttreten des Bürgerlichen Gesetzbuchs bis zu dem Zeitpunkt, in welchem das Grundbuch als angelegt anzusehen ist, in Gemäßheit des Landesrechts durch Eintragung in das Hypothekenbuch oder ein ähnliches Buch bestellt wird.

Ein solcher Vertreter steht im Sinne des § 44 Abs. 2 der Grundbuchordnung einem nach § 1189 des Bürgerlichen Gesetzbuchs bestellten Vertreter gleich. Dasselbe gilt in Ansehung eines durch die Gläubigerversammlung bestellten Vertreters.

Absatz 1 des § 17 (§ 15 des Entwurfes) lautete nach dem Entwurf wie folgt:

„Die Vorschriften des § 14 (nun § 16) finden auch auf einen Vertreter Anwendung, der vor dem Inkrafttreten des Bürgerlichen Gesetzbuchs nach Maßgabe des bisherigen Rechtes für die Besitzer von Schuldverschreibungen bestellt worden ist."

In der Kommission wurde hervorgehoben, daß hiemit die Fälle nicht berücksichtigt seien, in welchen n a ch dem Inkrafttreten des Bürgerlichen Gesetzbuchs bis zu dem Zeitpunkte, in welchem das Grundbuch als angelegt anzusehen ist (Art. 189 E.-G. z. B.G.B.), nach Maßgabe der bis dahin geltenden landesgesetzlichen Vorschriften bei einer Hypothek durch Eintragung in das Hypothekenbuch oder ein ähnliches Buch ein Vertreter für den jeweiligen Gläubiger bestellt werde. Die Ausdehnung auf diese Fälle erscheine aber angezeigt. K.-B. S. 16.

In Betracht kommt hauptsächlich Bayern (Gesetz vom 18. März 1896, einige Bestimmungen über die Inhaberpapiere betreffend, Art. 21 ff.), Braunschweig (Gesetz über die Hypotheken für die auf den Inhaber lautenden Schuldverschreibungen und Verpflichtungsscheine vom 30. März 1881, § 1), außerdem Rheinhessen und Elsaß-Lothringen.

In Bayern sind die bezüglichen Bestimmungen inhaltlich konform mit denen des B.G.B.; auch in den Ausführungsbestimmungen für Rheinhessen und Elsaß-Lothringen sind für die Uebergangszeit dem § 1189 B.G.B. ähnliche Vorschriften getroffen.

Dementsprechend erhielt § 17 seine nunmehrige Fassung.

II. Zu Absatz 2:

Nach § 44 G.B.O. soll bei einer Hypothek für die Forderung aus einer Schuldverschreibung, die auf den Inhaber lautet oder durch

Indossament übertragen werden kann, eine Eintragung nur erfolgen, wenn die „Urkunde", d. h. die Schuldverschreibungen vorgelegt werden.

Die Vorlage der Schuldverschreibungen ist aber dann nicht nöthig, wenn die Eintragung auf Grund der Bewilligung eines nach § 1189 B.G.B. bestellten Vertreters oder auf Grund einer gegen diesen erlassenen gerichtlichen Entscheidung bewirkt werden soll.

Es würden sich nun Schwierigkeiten ergeben, wenn ein vor Inkrafttreten des B.G.B. oder ein nach Inkrafttreten des B.G.B. bis zu erfolgter Anlegung des Grundbuchs rechtsverbindlich bestellter Vertreter der Schuldverschreibungen besteht oder wo nach dem Inkrafttreten des Bürgerlichen Gesetzbuches ein zu Verfügungen über die Hypothek befugter Vertreter durch die Gläubigerversammlung bestellt ist, sei es, daß eine Bestellung nach Maßgabe des § 1189 B.G.B. oder nach früher geltendem Rechte überhaupt nicht stattgefunden hat, sei es, daß der auf solche Weise bestellte Vertreter später weggefallen ist. E. II S 26.

Vgl. hieher auch § 51 Hyp.-B.G. (meine Ausgabe S. 57).

§ 18.

Ist über das Vermögen des Schuldners der Konkurs eröffnet, so gelten in Ansehung der Versammlung der im § 1 bezeichneten Gläubiger die folgenden besonderen Vorschriften.

Die Versammlung wird von dem Konkursgerichte berufen und geleitet.

Unverzüglich nach der Eröffnung des Konkurses ist eine Versammlung der Gläubiger zu berufen, um über die Bestellung eines gemeinsamen Vertreters im Konkursverfahren zu beschließen; die Berufung kann unterbleiben, wenn schon vorher von einer Versammlung über die Bestellung eines solchen Vertreters Beschluß gefaßt worden ist.

Das Konkursgericht hat außer den Fällen des § 3 Abs. 2 eine Versammlung der Gläubiger zu berufen, wenn dies von dem Konkursverwalter, dem Ausschusse der Konkursgläubiger oder der Aufsichtsbehörde verlangt wird.

Die Stelle, bei welcher die Gläubiger die Schuldverschreibungen zu hinterlegen haben, wird durch das Konkursgericht bestimmt.

Die Vorschriften des § 5 Abs. 1, 2, des § 11 Abs. 1, des § 12 Abs. 3 und des § 13 finden keine Anwendung.

Die Organisation der Besitzer von Schuldverschreibungen bleibt auch im Konkurse des Schuldners bestehen; gerade hiefür hat dieselbe die weitgehendste Bedeutung, da eine Betheiligung der verschiedenen einzelnen Besitzer zu Schwierigkeiten und Weiterungen führen müßte.

Der Vortheil einheitlicher Entschließungen kommt dann besonders zur Geltung, „wenn die Befriedigung aus den gemeinsamen Pfändern oder sonstigen Sicherheiten zu betreiben ist oder wenn mit Rücksicht auf die Unzulänglichkeit der den Schuldverschreibungen haftenden Gegenstände für einen entsprechenden Theil des Betrags der Forderungen auf die abgesonderte oder vorzugsweise Befriedigung verzichtet werden soll, um den Berechtigten insoweit Antheil an der sonstigen Masse zu verschaffen; endlich, wenn die Mitwirkung bei einem allgemeinen Zwangsvergleich in Frage steht, der für den nicht gedeckten Theil der Forderungen aus den Schuldverschreibungen besondere Bedingungen festsetzt (§ 181 K.-O.). Vgl. E. II S. 26 ff.

Die Besitzer der Schuldverschreibungen haben, soweit sie nicht als Absonderungsberechtigte auftreten, im Konkurs die allgemeine Rechtsstellung von Konkursgläubigern. „Der Konkursverwalter übt daher seine Befugnisse auch in deren Interesse aus und sie sind gleich den übrigen Gläubigern zur Mitwirkung bei den Wahlen zum Gläubigerausschuß wie überhaupt bei den Beschlüssen der allgemeinen Gläubigerversammlung berufen; nur werden sie hiebei, falls ein gemeinsamer Vertreter zur Wahrnehmung ihrer Rechte bestellt ist, durch diesen vertreten. E. II a. a. O. Ueber das Verhältniß der Pfandbriefgläubiger zum Konkursverwalter bei Hypothekenbanken vgl. § 35 Hyp.-B.-G. a. a. O. S. 42.

Der § 18 trifft nun besondere Bestimmungen über die Gläubigerversammlung, sobald der Konkurs über das Vermögen des Schuldners eröffnet ist.

Ueber den Zeitpunkt der Eröffnung des Konkurses vgl. § 108 K.-O.

Da das Gericht auch die allgemeine Gläubigerversammlung leitet (§ 94 K.-O.), erscheint es zweckmäßig, daß auch im Konkurs die Leiter der Versammlung der Inhaber von Schuldverschreibungen dem Konkursgerichte obliegt (Abs. 2). Unverzüglich nach der Konkurseröffnung hat das Gericht zunächst eine Gläubigerversammlung zu berufen, um über die Aufstellung eines gemeinsamen Vertreters zu beschließen, es sei denn schon vorher von einer Versammlung hierüber Beschluß gefaßt worden.

Es steht nichts im Wege und erscheint zweckmäßig, wenn mit der Bestellung eines Vertreters gemäß § 1 und 14 und mit der Bestimmung des Umfangs der Befugnisse desselben zugleich im Allgemeinen die Vertretung für den Fall des Konkurses diesem übertragen wird.

Die Bestellung eines Vertreters gemäß Abs. 3 muß als obligatorisch erachtet werden, da die Berufung der Versammlung zu dem Zwecke erfolgt, um über die Aufstellung des Vertreters Beschluß zu fassen. Daß ein solcher Vertreter im Zwangsvergleich nur einheitlich stimmen kann, ist selbstverständlich; vgl. Riesser a. a. O. S. 87.

Abgesehen von den speziellen Fällen des 4. Absatzes ist das Konkursgericht natürlich jederzeit von Amtswegen befugt, eine Gläubigerversammlung bei dem Vorliegen wichtiger Gründe zu berufen.

Besondere Vorschrift trifft Absatz 5 für die Hinterlegung der Schuldverschreibungen.

Als Hinterlegungsstelle kann das Gericht sich selbst bestimmen, opportun wird dies nur in seltenen Fällen sein.

Entsprechend der Bestimmung des Konkursverfahrens müssen im Konkurs wegfallen:

1. Das Erforderniß der Anhörung und Genehmigung der Aufsichtsbehörde nach § 5 Abs. 1 und 2 und § 13.

2. Die einschränkenden Bestimmungen über die Aufgabe oder Beschränkung von Rechten und der Verzicht auf Kapitalansprüche nach § 11 Abs. 1 und § 12 Abs. 3.

§ 19.

Werden im Konkurse die Forderungen aus den Schuldverschreibungen durch den von der Gläubigerversammlung bestellten Vertreter der Gläubiger angemeldet, so bedarf es der Beifügung der Schuldverschreibungen nicht. Zur Erhebung der bei einer Vertheilung auf die Schuldverschreibungen fallenden Beträge ist die Vorlegung der Schuldverschreibungen erforderlich; auf die Erhebung findet die Vorschrift des § 14 Abs. 2 keine Anwendung.

Nach § 139 K.-O. sind der Anmeldung der Konkursforderungen die urkundlichen Beweisstücke oder eine Abschrift derselben beizufügen.

Dies erscheint bei den Anmeldungen der Forderungen aus Schuldverschreibungen seitens des bestellten Vertreters entbehrlich; „denn die Zahl und der Betrag der ausgegebenen Schuldverschreibungen sind aus den Büchern des Schuldners zu entnehmen und auf dieser Grundlage kann die Feststellung der Forderungen behufs der Eintragung in die Tabelle erfolgen."

Hiedurch bleiben einmal die Besitzer in der Lage, über die Papiere unbeschränkt zu verfügen, dann wird dadurch, daß die Forderungen aus den Schuldverschreibungen auch ohne Vorlegung der Urkunden berücksichtigt werden müssen, eine Ausschließung Derjenigen vermieden, die sich nicht melden. E. II S. 28.

Nur zur Erhebung der bei einer Vertheilung auf die Schuldverschreibungen fallenden Beträge ist die Vorlegung der Schuldverschreibungen erforderlich.

Die Erhebung kann durch den Vertreter erfolgen; sie ist aber auch seitens jedes einzelnen Besitzers einer Schuldverschreibung zulässig; insoweit tritt die Beschränkung des § 14 Abs. 2 außer Anwendung.

Sind Schuldverschreibungen nicht in Vorlage gebracht worden, so sind die entsprechenden Beträge gemäß § 169 K.-O. zu hinterlegen.

§ 20.

Die in diesem Gesetze der Gläubigerversammlung und dem Vertreter der Gläubiger eingeräumten Befugnisse können durch Festsetzungen in den Schuldverschreibungen nicht ausgeschlossen oder beschränkt werden.

Aus der Vorschrift des § 20 folgt, daß die Bestellung des Vertreters der Gläubiger, sofern nicht der Fall des § 1189 B.G.B. vorliegt, nicht anders als durch Beschluß der Gläubigerversammlung erfolgen kann, daß insbesondere eine Bestellung durch den Schuldner mittels Bezeichnung des Vertreters in den Schuldverschreibungen weiterhin nicht mehr statthaft. So E. II S. 29.

Diese Begründung und damit die unveränderte gesetzliche Bestimmung des § 20 erscheint auf den ersten Blick im Widerspruch mit der in der Kommission beschlossenen Fassung des § 16.

Wie bereits zu § 16 hervorgehoben, wollte die Kommission klarstellen, daß auch abgesehen von den Fällen des § 1189 B.G.B. die Bestellung eines gemeinsamen Vertreters der Schuldverschreibungsbesitzer mittels vertragsmäßiger Festsetzung bei Ausgabe der Schuldverschreibungen ebenso wie bisher zulässig bleiben soll.

Allerdings muß nach § 16 die Aufstellung eines vertragsmäßigen Vertreters auch nach dem Inkrafttreten dieses Gesetzes für zulässig erachtet werden; allein im Hinblick auf § 20 ist die Uebertragung von solchen Befugnissen auf diesen Vertreter insoweit unstatthaft, als diese Befugnisse die Rechte beschränken oder ausschließen würden, welche einem nach gegenwärtigem Gesetze aufgestellten Vertreter der Gläubiger gesetzlich zustehen. Soweit eine solche Einschränkung oder Ausschließung nicht stattfindet, bleiben die Rechte des vertragsmäßigen Vertreters unberührt.

Dieses Resultat führt aber auch hier dazu, daß die vertragsmäßige Bestellung eines Vertreters bei Ausgabe von Schuldverschreibungen, abgesehen von dem Falle des § 1189 B.G.B., künftighin unzweckmäßig erscheint; über die hierüber erfolgten Erörterungen s. oben zu § 16.

Von der Vorschrift des § 20 unberührt bleiben Erweiterungen der Rechte der Gläubigerversammlung oder des Vertreters, soferne solche in einer alle Betheiligten gültig bindenden Weise festgestellt werden. E. II S. 29.

§ 21.

Wer Schuldverschreibungen, die sich im Besitze des Schuldners befinden, einem Anderen zu dem Zwecke überläßt, das Stimmrecht der Vorschrift des § 10 Abs. 4 zuwider an Stelle des Schuldners auszuüben, wird mit Gefängniß bis zu einem Jahre und mit Geldstrafe bis zu fünftausend Mark bestraft. Die gleiche Strafe trifft Denjenigen, welcher die Schuldverschreibungen zu dem bezeichneten Zwecke verwendet.

Sind mildernde Umstände vorhanden, so tritt ausschließlich die Geldstrafe ein.

Ein strafrechtlicher Schutz gegen die Bestimmung des § 10 Abs. 4 Satz 1 wurde von der Kommission als unentbehrlich erachtet und demzufolge die Vorschrift des § 21 wie des folgenden § 22 neu aufgenommen.

§ 22.

Wer in der Bekanntmachung, die gemäß § 2 erlassen wird, oder in der Auskunft, die gemäß § 11 Abs. 4 in der Gläubigerversammlung ertheilt wird, wissentlich unwahre Angaben über Thatsachen macht, deren Mittheilung ihm nach der bezeichneten Vorschrift obliegt, wird mit Gefängniß bis zu einem Jahre oder mit Geldstrafe bis zu dreitausend Mark bestraft.

Wer es unterläßt, die nach § 2 ihm obliegende Bekanntmachung zu bewirken, wird mit Geldstrafe bis zu dreitausend Mark bestraft.

Die Vorschrift des § 22 richtet sich

1. gegen unwahre Angaben in der von dem Schuldner zu erlassenden Bekanntmachung über die Thatsache des Herabsinkens der umlaufenden Schuldverschreibungen unter die Mindestsumme,

2. gegen die Unterlassung der nach § 2 vorgeschriebenen Bekanntmachung überhaupt,

3. gegen die unrichtige Auskunftsertheilung in der Gläubigerversammlung über den Betrag der im Umlauf befindlichen, zur Abstimmung berechtigenden Schuldverschreibungen.

Im Falle des § 21 ist neben der Freiheitsstrafe auf Geldstrafe bis zu Mk. 5000 zu erkennen; im Falle des § 22 Absatz 1 (oben Ziffer 1 und 3) kann auf Gefängniß oder auf Geldstrafe bis zu Mk. 3000 erkannt werden, im Falle des Absatz 2 des § 22 (oben Ziffer 2) ist nur Geldstrafe angedroht.

§ 23.

Wer sich besondere Vortheile dafür gewähren oder versprechen läßt, daß er bei einer Abstimmung in der Gläubigerversammlung in einem gewissen Sinne stimme oder an der Abstimmung in der Gläubigerversammlung nicht Theil nehme, wird mit Geldstrafe bis zu dreitausend Mark oder mit Gefängniß bis zu einem Jahre bestraft.

Die gleiche Strafe trifft denjenigen, welcher besondere Vortheile dafür gewährt oder verspricht, daß Jemand bei einer Abstimmung in der Gläubigerversammlung in einem gewissen Sinne stimme oder an der Abstimmung in der Gläubigerversammlung nicht Theil nehme.

§ 23 wendet sich gegen den sogenannten Stimmenkauf.
Absatz 2 entscheidet eine frühere Streitfrage, ob der Verkäufer der Stimme als Anstifter oder als Gehülfe bestraft werden kann (vgl. R.G. in Strafsachen Bd. 12 S. 122).

§ 24.

Auf Schuldverschreibungen des Reiches, eines Bundesstaats oder einer Körperschaft des öffentlichen Rechts finden die Vorschriften dieses Gesetzes keine Anwendung. Die Landesgesetze können jedoch bestimmen, daß die bezeichneten Vorschriften auch auf Schuldverschreibungen von Körperschaften des öffentlichen Rechtes Anwendung finden.

Das Gesetz findet, wie bereits früher hervorgehoben, nur auf Schuldverschreibungen Anwendung, die von Privatunternehmen oder von einzelnen Personen ausgegeben werden.

„Daß die Schuldverschreibungen des Reichs und der Bundesstaaten sowie der Gemeinden und weiteren Kommunalverbände dem Gesetze nicht unterstellt werden dürfen, ist selbstverständlich." E. II S. 10.

Das Gleiche trifft — wie der Entwurf hervorhebt — im Allgemeinen auch bezüglich solcher Schuldverschreibungen zu, die von andern Körperschaften des öffentlichen Rechts, insbesondere von den auf öffentlich-rechtlicher Grundlage errichteten Kreditanstalten, wie Rentenbanken, landwirthschaftlichen Kreditvereinen usw. ausgegeben werden.

In der Kommission wurde beantragt, die Schuldverschreibungen „einer Körperschaft des öffentlichen Rechts" nicht auszunehmen.

Dem wurde jedoch regierungsseitig entgegengehalten, daß sich der Begriff der Korporation des öffentlichen Rechts nach den Landesgesetzen bestimme, daß eine sachliche Nöthigung nicht vorliege, in die Kompetenz der Landesgesetzgebung irgendwie einzugreifen, und daß auch die gegen die Einbeziehung der öffentlich-rechtlichen Korporationen gerichteten Wünsche der Einzelregierungen berücksichtigt werden müssen.

Demgemäß wurde die Fassung der Vorlage angenommen.

§ 25.

Unberührt bleiben die landesgesetzlichen Vorschriften über die Versammlung und Vertretung der Pfandgläubiger einer Eisenbahn oder Kleinbahn in dem zur abgesonderten Befriedigung dieser Gläubiger aus den Bestandtheilen der Bahneinheit bestimmten Verfahren.

Nach Art. 112 E.-G. z. B.G.B. bleiben unberührt die landesgesetzlichen Vorschriften über die Behandlung der einem Eisenbahn-

oder Kleinbahnunternehmen gewidmeten Grundstücke und sonstigen Vermögensgegenstände als Einheit (Bahneinheit), über die Veräußerung und Belastung einer solchen Bahneinheit oder ihrer Bestandtheile, insbesondere die Belastung im Falle der Ausstellung von Theilschuldverschreibungen auf den Inhaber, und die sich dabei ergebenden Rechtsverhältnisse sowie über die Liquidation zum Zwecke der Befriedigung der Gläubiger, denen ein Recht auf abgesonderte Befriedigung aus den Bestandtheilen der Bahneinheit zusteht.

Vgl. insbesondere das preußische Gesetz über das Pfandrecht an Privateisenbahnen und Kleinbahnen und die Zwangsvollstreckung in dieselben vom 19. August 1895.

Dieser Vorbehalt erfährt durch gegenwärtiges Gesetz eine Einschränkung; dasselbe ist für die von Privateisenbahnen oder Kleinbahnen ausgegebenen Schuldverschreibungen im Allgemeinen auch dann maßgebend, wenn auf Grund der landesgesetzlichen Vorschriften den Besitzern der Schuldverschreibungen ein Pfandrecht an der Eisenbahn bestellt ist; die Bestimmungen der Landesgesetze über die Versammlungen und die Vertretung der Besitzer von Theilverschreibungen einer Eisenbahnpfandschuld treten außer Kraft.

Dagegen werden durch § 25 die landesgesetzlichen Vorschriften insoweit aufrecht erhalten, als sie die Versammlungen und die Vertretung der Pfandgläubiger in dem besonderen Verfahren regeln, das nach dem Erlöschen der für den Bahnbetrieb ertheilten Staatsgenehmigung eintritt, um die Befriedigung der Pfandgläubiger aus den einzelnen Bestandtheilen der Bahneinheit herbeizuführen. E. II S. 29.

In der Kommission wurde noch ausdrücklich bemerkt, daß der Paragraph sich nur beziehe auf die Liquidation zum Zwecke der Befriedigung aus den Bestandtheilen der Bahneinheit nach Erlöschen der Konzession und nach Zerfall der Bahn als solcher. Lägen die Bahnen in verschiedenen Bundesstaaten, so wird jeder Bestandtheil der Bahneinheit nach den Gesetzen des Landes liquidirt, in dem er sich befindet. K.-B. S. 19.

§ 26.

Dieses Gesetz tritt gleichzeitig mit dem Bürgerlichen Gesetzbuch in Kraft.

Es findet auch auf die vorher ausgegebenen Schuldverschreibungen Anwendung.

Die Beziehungen dieses Gesetzes zum Bürgerlichen Gesetzbuche und auch zum Hypothekenbankgesetze rechtfertigen es, daß das Inkrafttreten desselben gleichzeitig mit dem Bürgerlichen Gesetzbuche erfolgt.

In der Kommission wurde in erster und zweiter Lesung beantragt, den zweiten Absatz zu streichen, so daß das Gesetz auf die vor dem 1. Januar 1900 ausgegebenen Schuldverschreibungen nicht Anwendung finden sollte.

Dieser Antrag wurde mit Recht verworfen, weil bei dem Fortfall der Bestimmung für die enormen Summen der bisher ausgegebenen Schuldverschreibungen eine Organisation der Gläubiger unmöglich wäre, übrigens auch ganz unmögliche Konsequenzen entstünden, z. B. in dem Falle, daß eine Hypothekenbank eine Serie von Pfandbriefen am 1. Januar 1900 erst theilweise ausgegeben habe. K.-B. S. 19.

Urkundlich unter Unserer Höchsteigenhändigen Unterschrift und beigedrucktem Kaiserlichen Insiegel.

Gegeben Neues Palais, den 4. Dezember 1899.

(L. S.) **Wilhelm.**

Fürst zu Hohenlohe.

Sachregister.

Die **fetten** Zahlen verweisen auf die Paragraphen, die übrigen auf die Seiten.

A.

B.

D.

E.

F.

G.

H.

J.

K.

L.

M.

N.

P.

R.

S.

T.

V.

W.

Z.

Bonschab, Fr., Vorstandsmitglied der Bayer. Landwirthschaftsbank, **Das Reichsgesetz, betr. die Erwerbs- und Wirthschaftsgenossenschaften,** vom 1. Mai 1889. In der Fassung des gemäß Art. 13 des Einführungsgesetzes zum Handelsgesetzbuch vom 10. Mai 1897 revidirten Textes. 1899. In Ganzleinen gebd. **Mk. 3.–.**

Bonschab, Fr., Vorstandsmitglied der Bayer. Landwirthschaftsbank, **Hypothekenbankgesetz** vom 13. Juli 1899. Handausgabe mit Erläuterungen und ausführlichem Sachregister. 1899. In Ganzleinen gebunden **Mk. 1.80.**

Frankenburger, Dr. Heinr., Rechtsanwalt in München, **Handelsgesetzbuch für das Deutsche Reich** vom 10. Mai 1897 (mit Ausnahme des Seerechts) nebst dem Einführungsgesetze. Handausgabe mit Erläuterungen, Anhang und ausführlichem Sachregister. In Ganzleinen gebd. **Mk. 4.—.**

Kahn, Dr. Jul., Rechtsanwalt und Sekretär der Handels- und Gewerbekammer für Oberbayern, **Das Gesetz zur Bekämpfung des unlauteren Wettbewerbes** vom 27. Mai 1896. Handausgabe mit Anmerkungen. In Ganzleinen gebd. **Mk. 2.40.**

Keidel, Fr., k. Amtsrichter, **Gesetz über die Angelegenheiten der freiwilligen Gerichtsbarkeit** vom 17. Mai 1898. Handausgabe mit Erläuterungen und ausführlichem Sachregister. In Ganzleinen gebd. **Mk. 3.20.**

(Ein die **bayer. Ausführungsbestimmungen** enthaltendes **Ergänzungsbändchen** befindet sich in Vorbereitung.)

Meyer, Karl, k. Landgerichtsrath in Landshut, **Die Konkursordnung für das Deutsche Reich nebst den zugehörigen Einführungsgesetzen** und das Reichsgesetz, betr. die Anfechtung von Rechtshandlungen eines Schuldners außerhalb des Konkursverfahrens, in der Fassung der Bekanntmachung vom 20. Mai 1898. Handausgabe mit Erläuterungen, ausführlichem Sachregister und einem Anhang, enthaltend die konkursrechtlichen Bestimmungen des Genossenschaftsgesetzes, und des Gesetzes, betr. die Gesellschaften mit beschränkter Haftung, eine vergleichende Zusammenstellung der Paragraphenfolge der alten und neuen Konkursordnung u. Formulare. 1899. In Ganzleinen gebd. **Mk. 6.—.**

Wochinger, Karl, k. Amtsgerichtssekretär, **Die Prozeßgebühren-Gesetze für das Deutsche Reich,** in der Neutextirung vom 20. Mai 1898, umfassend: **Das Gerichtskostengesetz, die Gebührenordnung für Zeugen und Sachverständige, die Gebührenordnung für Gerichtsvollzieher, die Gebührenordnung für Rechtsanwälte.** Handausgabe mit Erläuterungen, Tabellen und ausführlichem Sachregister. 8°. (19 Bogen.) 1899. In Ganzleinen gebd. **Mk. 4.20.**

FSC
www.fsc.org
MIX
Papier | Fördert
gute Waldnutzung
FSC® C083411

Kolibri 360 GmbH
Ferdinand-Jühlke-Straße 7
99095 Erfurt, Deutschland
produktsicherheit@kolibri360.de